AF356812

VOLTAIRE VENGÉ,

OU

POËME A LA LOUANGE DE VOLTAIRE,

COMPOSÉ

PAR M. C. PALMÉZEAUX,

ET PUBLIÉ

PAR J. B. DE ROISSI.

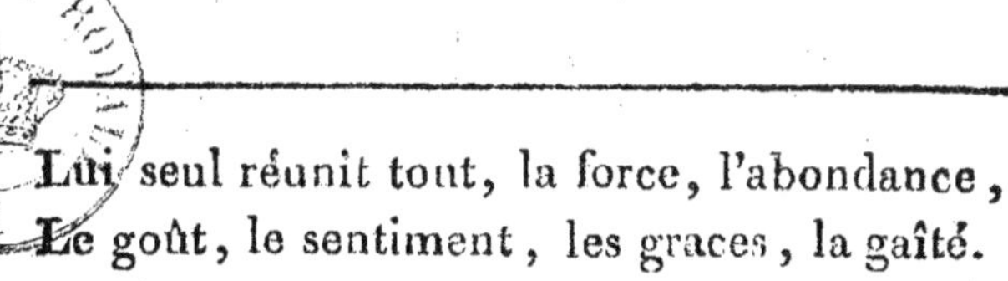

Lui seul réunit tout, la force, l'abondance,
Le goût, le sentiment, les graces, la gaîté.

S. LAMBERT, poëme des Saisons.

A PARIS,

Chez ALLUT, Impr.-Libraire, propriétaire du
Journal de la Vraie Théorie Médicale, rue de
la Harpe, n° 93, Collége Bayeux;
Et chez MARTINET, Lib, rue du Coq-Honoré.

1806.

PRÉFACE
DE L'EDITEUR.

Quoiqu'il soit généralement reçu que les Œuvres de Voltaire parlent assez en sa faveur, pour que nul écrivain n'ait besoin de prendre sa défense contre la multitude de Zoïles qui l'attaquent, j'ai cru que le chant des louanges pouvait se faire entendre, et je réveille, par cette édition, une des voix qui concourut en 1779, dans ce concert commandé par l'Académie Française et desiré par la Nation.

Voltaire, tant qu'il vécut, eut pour ennemis la foule des hommes qui, desirant vivre dans l'opulence, ont besoin qu'un voile mystérieux couvre de grandes vérités. A sa mort, la haine se tut, l'admiration étendit son empire, et les regrets et l'amour de tous les Français s'attachèrent à sa mémoire.

Qui n'aurait pas cru que les persécutions contre ce grand homme étaient achevées? Eh bien! après 27 ans de silence, ses ennemis se réveillent plus animés encore qu'ils ne le furent jamais. Il est reçu chez les braves, qu'on ne frappe point un ennemi abattu. Voltaire est frappé jusque dans le tombeau : ses tragédies, ses poëmes légers, la Henriade elle-même n'offrent aucun intérêt, et manquent de nerf, de correction et de goût. Partout ce sont des platitudes, des déclamations ridicules, ou des niaiseries, telles, par exemple, que dans Brutus, Mérope, la mort de César, Mahomet. L'on s'efforce de vouer ces chefs-d'œuvres à l'oubli, et la nation qui les admira, à une honte éternelle. Cependant ces ouvrages et tant d'autres du même auteur, jouiront dans six mille ans et plus, de tout l'éclat d'un beau jour, et l'univers aura oublié que ce grand homme eut des ennemis.

Ces hommes acharnés à sa mémoire, le savent

tout aussi bien que nous, cependant ils le poursuivent comme l'auteur de la décadence du goût dans la poésie : pourquoi cette contradiction dans leur pensée et dans leurs discours ? Est-ce que la bonne poésie leur tient tant à cœur ? Est-ce qu'ils redoutent que les Français, perdant le goût des Sciences et des Belles-Lettres, ne retombent dans la barbarie ? Plût à Dieu que cet heureux temps pût revenir encore, disent-ils ! nous aurions bon marché des crédules mortels ! Siècles de gloire, où les clercs seuls et leurs supérieurs savaient lire et signer leur nom, qu'êtes-vous devenus ? Cette philosophie superbe que nous détestons, et qui, s'avisant de ne croire que ce qu'elle conçoit, reposait alors à l'ombre de quelque grotte égyptienne, ou gémissait errante dans les îles de l'Archipel grec, irait cacher sa tête dans l'antre des forêts, et laisserait poser à notre génie des bornes à la Vérité ; la Vérité, fille du ciel, et qui, brillante de clarté, ne convient point au vulgaire essentiellement passif et obéissant.

Comme ces intentions sont pures et honorables pour l'humanité, quel dommage que le siècle où nous vivons ne soit pas disposé à prêter aide et secours à ces messieurs, pour faire mettre en pratique ces importantes conceptions ! Mais malheureusement l'on sait que laisser à un peuple sa liberté d'opinions religieuses, c'est lui laisser la propriété de sa raison, et parconséquent le mettre à même d'obéir librement aux lois de sa patrie. L'on sait encore, que le forcer à n'admettre comme uniquement vrai que ce qu'il ne peut comprendre, c'est lui ravir la faculté de penser, et le livrer sans force, sans énergie, au premier imposteur qui voudra l'avilir.

Toutes les religions du monde se sont propagées, comme étant émanées des cieux. Chacun est persuadé de la vérité de la sienne, et pense accomplir, en s'y conformant, le plus saint des devoirs.

La catholique nous enseigne qu'il n'en est qu'une

de divine. Si cette prétention était universelle, qu'en résulterait-il? Une intolérance réciproque, parceque chacun étant persuadé que sa religion est la seule bonne, voudrait qu'on s'y soumît. Il n'est qu'un pas de ce vouloir à la contrainte, et bientôt chacun, se croyant le droit de forcer son voisin à penser comme lui, une guerre interminable couvrirait la surface du globe.

Le sage, à l'aspect de toutes les religions qui ont occupé ou qui occupent encore les trônes dans l'empire de l'imagination, se persuade aisément, que l'agrégation des mortels est une société de frères, étonnés d'être si peu instruits des dogmes religieux qui doivent servir à l'adoration du grand Etre.

Que conclure de cette variété d'opinions? Qu'il faut se pardonner mutuellement celle qu'on a.

Voltaire en professant cette maxime dans ses écrits, devint l'apôtre de l'humanité, le bouclier des peuples et le vengeur des souverains. Il voulut que son prince fût Roi par les lois constitutionnelles de son empire, et non, par le consentement d'un prince étranger qui, régnant sur l'opinion, commandât à toutes les volontés. Le poëte philosophe pensa que le moyen d'abattre cette puissance, dont on voyait le chef avoir ses sujets répandus sur toute la terre, y vivre aux frais des divers états, et ne jurer obéissance qu'à lui, était de laisser à chaque homme la souveraineté de sa raison, et de n'exiger sa soumission que pour l'obéissance aux lois, sans laquelle il n'est aucune prospérité dans les empires.

En effet, pourquoi un prince exigerait-il, en se donnant un maître, que chacun de ses sujets obéît à un chef étranger qui n'aurait de rapport avec ses lois que pour lui en dicter? Irait-il, au nom du Créateur, avilir ses peuples dont l'intelligence et la fierté sont le garant de son pouvoir? La tolérance religieuse est le palladium du repos des états.

L'existence de Dieu est écrite dans l'univers en

caractères glorieux et triomphans de tous les âges. Voilà la base essentielle de toute croyance. Les modifications sont du ressort des méditations humaines. On dit qu'il existe des athées, cela peut-être, il existe bien des hommes qui ne voient point le soleil ! Serait-il raisonnable de leur couper la tête pour les forcer à voir ce que la nature les condamna à ne voir jamais ; peut-être que celui qui ne croit pas en Dieu est affligé dans quelques-uns des organes de son entendement ! Dieu le souffre sur la terre, devons-nous l'égorger ?

Ce que je dis de l'athée, s'applique au mahométan, relativement au chrétien, et à celui-ci, relativement aux adorateurs du Dieu Foé.

Telle fut la profession de foi de Voltaire, cet homme étonnant dont l'apparition devint une époque dans les annales de l'esprit humain. Il demandait la tolérance dans les opinions religieuses, il voulait que l'homme si faible, ne s'établît point le défenseur de la Divinité si puissante, et que, si vindicatif, il ne voulût pas être le vengeur d'un Dieu étranger à toute vengeance. Il voyait des hommes s'affliger que nos pères les Gaulois eussent immolé quelques prisonniers à leurs idoles, et se réjouir du sang que l'on versait pour un Dieu qui aima mieux mourir que d'enchaîner les bras de ses bourreaux.

Telles étaient les erreurs que Voltaire s'efforçait de détruire, et dont il dissuada tous ses contemporains. Sa doctrine pénétra le sanctuaire, la chaumière et le palais ; le prêtre rougit des victimes que ses prédécesseurs avaient immolées ; le peuple éprouva du soulagement au souvenir des sacrifices qui l'avaient fait frissonner d'horreur ; les grands s'estimèrent heureux d'échapper à un joug qui pesait plus fortement encore sur leur tête que sur celle des Plébéiens, et les Rois eux-mêmes sentirent qu'en affranchissant leurs peuples, ils se dégageaient d'une honteuse servitude.

Quelques prélats s'élevèrent contre l'émancipation de l'esprit humain, quatorze siècles d'une tutelle orageuse et sanglante ne suffisaient pas à leur ambition. Cependant l'opinion fut tellement prononcée contre eux il y a quinze ans, que parmi les gens d'une éducation soignée, l'on n'aurait pas entendu une réclamation. Tout-à-coup la révolution paraît, mille excès sont commis par des hommes qui, se disant chauds partisans de la liberté, ne la voulaient que pour eux, et la convertissant en despotisme barbare, la firent détester par ceux mêmes qui croyaient que ce fût là la liberté. Enfin, le génie pacificateur de la France paraît : il a l'épée de Mars, le cerveau de Minerve, la massue d'Hercule et l'égide de Pallas ; à sa voix la France, nouveau phénix, renaît de sa cendre, plus forte et plus florissante que jamais. L'ordre s'établit dans toutes les classes de citoyens, dans tous les corps de l'Etat, dans toutes les branches de l'industrie ; et qui, le croirait ? c'est au moment où la paix, sous les hospices d'un héros, règne au sein de l'Etat, qu'on y déclare la guerre à la pensée ! qu'on veut y forcer l'homme à croire ce qu'il ne peut comprendre, à se soumettre aveuglément à la foi de ceux qui de nouveau voudraient dominer pour elle. Pour y parvenir on exhume le plus grand écrivain de tous les âges, de tous les empires, et l'on s'efforce à le traîner dans la fange, ne respectant pas en lui la gloire nationale ; parcequ'une vaste ambition ne connaît aucun frein ; on ose l'attaquer même dans son mérite littéraire. Tout ce qu'ont dit : les Labaumelle, les Nonotte, les Fréron, est reproduit sur la scène ; n'osant plus le calomnier dans sa vie privée que l'on sait avoir été une continuité de bienfaisance publique et particulière, on l'accuse de tous les crimes de la révolution ; et son zèle pour la tolérance dans les opinions religieuses, a fait les massacres de septembre, et chargé les échafauds de vertueux citoyens. C'est oublier que ce grand homme n'avait pas encore paru sur la terre lors des dragonnades, des vauderis, lors des massacres des d'Armagnac et de la saint Barthélemi ; mais le baron des Adrets, les

Montlucs, les Vaurus, les Richelieu, avaient-ils lu les Œuvres de Voltaire? Et pendant la vie de ce grand homme, les juges de Toulouse et ceux d'Amiens, condamnant les Calas et les Delabarre, avaient-ils puisé leurs exécrables jugemens dans les principes de tolérance de cet écrivain?

Quand on ravale ses talens poétiques au-dessous du médiocre, quand on l'accuse d'avoir ouvert la porte au mauvais goût en France, pensez-vous que ce soit de la part de ses détracteurs, un zèle ardent pour la bonne littérature? Non, c'est l'espoir insensé de terrasser l'apôtre de la tolérance. Qu'est-il résulté cependant de leurs clameurs? Qu'une foule de jeunes gens, qui ne connaissaient pas les productions de cet homme, ont voulu en lire quelque chose et les ont dévorées; c'est ainsi que ces messieurs en voulant rétablir leur domination, ont donné des armes à ceux qu'ils voulaient asservir.

S'emparer de l'esprit de chacun, y dominer à son gré, n'est pas une conquête à dédaigner. Subjuguer ainsi les peuples, les grands, les conquérans de la terre; cultiver cette conquête, en retirer une moisson abondante, se gorger d'or sous les dehors du désintéressement, de pouvoir sous la simplicité modeste, de volupté sous la sévère continence, ne sont pas les conceptions d'un génie impuissant. Il est hardi d'oser encore une fois les produire au grand jour. Semblables au lierre, pour s'élever ils s'attachent au chêne majestueux de la forêt, et lui disent: Nous sommes ton soutien; sans nous ta chute est inévitable. Nous enseignons aux autres végétaux que tu fus d'une origine céleste, et que la puissance de tes bras étendus au loin, est un pouvoir sacré.

Ce fut par ces assurances flatteuses, que les Rois de la monarchie française se laissèrent entraîner vers la protection de ces hommes qui ne pouvaient subsister eux-mêmes que par leur protection. Nous enseignons, disaient-ils, que votre pouvoir vient d'en haut; à merveille! disaient les Rois, et ils les comblaient de bienfaits. Bientôt après, ces mes-

sieurs ajoutèrent ; « Règnant par ce pouvoir, dont
» nous seuls avons droit de connaître, vous ne
» règnez que par nous, obéissez-nous donc, et nous
» allons vous seconder..... Vous ne voulez pas obéir ?
» le ciel rejette votre puissance, nous délions les
» peuples de leur serment de fidélité, descendez
» du trône ; faites place à votre successeur ».

Ce fut ainsi que Jules parla à Louis XII. Celui-
ci, croyant trouver un appui dans le clergé de son
royaume, fut bien surpris de voir que tous ces prêtres, nés ses sujets, avaient cessé de l'être dès
qu'ayant bu dans la coupe dorée que leur avaient
donnée ses ancêtres, ils en avaient oublié les bienfaits ; ces hommes, ne reconnaissant plus d'autre chef
que le monarque des Romains, étaient les ennemis
naturels de celui des Français. Il en appela à son peuple, à sa maison, à sa famille ; il ne trouva partout
que des hommes effrayés, subjugués par l'opinion ; et son épouse elle-même, méconnaissant l'a-
mour conjugal, Louis vit le moment ou à la voix du
Pontife impérieux, il lui fallait descendre du trône.

Un esprit ordinaire se serait cru perdu ; il l'était
en effet, si sa croyance avait été aussi bornée que
celle de son peuple. Il s'adresse à l'armée, il de-
mande aux Bayards, aux Lapalisse, aux La Tré-
mouille, aux Gaston, s'ils sont aussi les serviles
sujets du Tyran. Pour toute réponse ils tirent leur
épée ; et sur ce glaive, prenant à témoin le ciel, ils
s'écrient, notre sang t'appartient ; ordonne, et ton
armée est dans le Vatican. Voilà des choses et non
des mots. L'appui d'un Roi fut toujours son armée,
composée des citoyens les plus philosophes et les
plus valeureux. Que devenait Louis XII, s'il n'en
avait eu d'autre que son clergé ? ou si ses guerriers
n'avaient pas senti la nécessité de conserver le libre
exercice de leur raison ? Leur liberté d'opinion
soutint le monarque, et leurs foudres portées sous
les murs de Rome, firent taire celles du Vatican.
Louis fut à peine vainqueur, que ces messieurs
convinrent que son pouvoir venait d'en haut, alors

ils se déclarèrent de nouveau l'appui des Rois, jusqu'à ce qu'ils trouvassent une occasion plus favorable pour les asservir.

Elle sembla s'offrir peu d'années après. Le peuple leur parut favorablement disposé sous Henri III, qui, indocile au joug, fut poignardé. Henri IV, le modèle des Rois, mortel dont le cœur, l'esprit et la vaillance honoraient l'humanité; Henri IV, plus indocile encore, fut poursuivi. Le pouvoir dont il était légalement revêtu, ne venait plus d'en haut, parceque l'esprit trop pénétrant du monarque ne convenait pas à ces messieurs; soixante ans de crimes et de sang furent les résultats de la lutte de la puissance des prêtres contre celle des Rois. Henri finit par tomber sous les couteaux sacrificateurs. Son fils conserva le trône et la vie, mais en soumettant son sceptre à la crosse sanglante de Richelieu; et Louis XIV ne commença à régner que lorsque, bannissant les Princes Romains de son conseil, il gouverna par des guerriers et des citoyens; et s'il fut malheureux encore, s'il fit des fautes irréparables, ce fut lorsque dans sa vieillesse, retombant sous la coupe de ces prétendus appuis du trône, il bannit de la France les arts libéraux, qui enrichirent l'étranger de la plus glorieuse industrie.

Voilà des vérités incontestables qui parlent à l'esprit un langage dépouillé de mystères, et qui se comprend sans être interprété par des principes qui ne sont vrais que par convention.

Les Princes sont trop éclairés aujourd'hui pour retomber dans ces fautes, et permettre à un culte quelconque d'établir sa tyrannie sur l'opinion; ils savent trop bien qu'enchaîner les peuples au sacerdoce, c'est s'enchaîner eux-mêmes. Ils laisseront attaquer Voltaire, protecteur né de la tolérance, mais ils permettront qu'on défende, non son génie, il est invulnérable, mais ses principes, qui sont la sauve-garde des Rois autant que celle des peuples. L'asservissement des seconds fait nécessairement celui des premiers. Un Roi peut-il résister quand

il a permis l'esclavage de son peuple? Il est tel que
le géant chez les Lilliputiens, garrotté par une foule
de liens imperceptibles, il est enchaîné sans retour.

Il est donc vrai que Voltaire, combattant pour la
liberté d'opinions religieuses, combattait aussi pour
son Roi et pour sa patrie; Louis XV, dominé par
un prélat, crut qu'il était de son intérêt de persé-
cuter ce grand homme; Frédéric sentit parfaitement
le service que Voltaire rendait à la catholicité. Mais
ce monarque avait un génie propre à s'accoler au
génie, il ne pouvait s'étonner assez de l'effroi d'une
cour à laquelle un géant offrait la massue d'Hercule. Un ministre de l'Eglise régnait à Versailles,
cette massue devait être rejetée.

C'est d'après le même système, que lorsque M. de
Chénier a voulu venger la mémoire de Voltaire, on
s'est élevé avec fureur contre le panégyriste; mais
plusieurs éditions faites en peu de jours, ont prouvé
que l'enthousiasme national est toujours le même
en faveur du plus grand esprit des âges passés. Aux
vociférations obscures, se sont jointes quelques sa-
tyres plus obscures encore, dont les auteurs ne mé-
ritent pas d'être nommés. Voltaire les eût dédai-
gnés; moi, qui publie un ouvrage composé en son
honneur, je dois en faire autant. Qu'ils cherchent
encore à déchirer celui-ci, le public ne s'étonne pas
de ne voir dans la liste des détracteurs de Voltaire,
que des apprentis écrivains, ou des hommes qui
par état, ont contracté l'obligation de renverser
tout ce qui est bien.

Le 30 mai 1778, l'Académie Française proposa
l'Eloge de Voltaire, pour le sujet de son prix de
poésie. — Tous les gens de Lettres savent que M. de
la Harpe remporta le prix par son *Dithirambe*,
prix qu'il céda à M. de Murville, qui, par une *Epître
à Voltaire*, avait paru mériter l'*accessit*.

Nous ne parlerons point de cette Epître peu connue,
ni du *Dithirambe* qui l'est davantage; nous dirons
seulement que quelques auteurs, qui jouissaient de
quelque célébrité, concoururent aussi au prix de

l'Académie Française, parmi lesquels on distingua MM. Doigni du Ponceau, Flins des Oliviers, Pastoret, Aude, Geoffroy, Dechabanon, Cubières-Palmézeaux.

Le Poëme de M. Cubières-Palmézeaux, imprimé à La Haye, eut successivement plusieurs éditions; c'est de ces différens ouvrages, le seul qui n'ait pas vu le fleuve d'oubli; et nous avons cru qu'au moment où la haine contre les talens littéraires faisait un nouvel effort pour les détruire, il n'était pas indifférent d'environner la mémoire de Voltaire de ce qui avait été fait de bien en sa faveur, même dans le temps ou son zèle ardent pour la tolérance, lui donnait de si puissans ennemis.

Tout le monde a lu l'Epître de M. de Chénier, non-seulement parcequ'elle renferme quelques bons principes de philosophie, mais parcequ'il y règne souvent un style rempli de verve et d'harmonie. M. de Chénier s'adresse à Voltaire, et lui apprend ce qu'il sait parfaitement, une partie de ce qu'il a fait et de ce qu'il a écrit. Palmézeaux dans son éloge se fit une scène, le mit en action; et mettant sans inconvenance l'éloge de Voltaire dans la bouche de Voltaire, il fit en quelque sorte un tour de force dont la magie cesse cependant dès que l'on connaît la tournure originale de son Poëme. Il suppose que Voltaire, près d'entrer dans les Champs-Elisées, est arrêté par Zoïle, qui lui dispute le droit d'habiter le séjour des Immortels. Voltaire se voit contraint de parler de lui et de faire l'énumération de ses ouvrages.

L'on conçoit qu'un tel plan réduisait M. Palmézeaux à la nécessité de ne pas mettre dans ces vers cette élévation de style qui convient à l'épopée. Voltaire parlant de lui-même, devait être modeste et simple: Zoïle en scène ne pouvait pas avoir un ton plus relevé. La naïveté, la simplicité du style de cet éloge, toujours pur et élégant, était ce qui convenait, et l'on ne peut qu'applaudir à l'auteur, de ne s'être pas élevé à la hauteur de M. Chénier, et surtout de n'avoir marqué aucune humeur, ni exprimé aucun sentiment satyrique. Chénier parle souvent de lui-même ; Palmézeaux ne s'occupe que de son héros. L'un est plus noble, l'autre est plus simple ; l'un est terrible, l'autre gai ; l'un a plus de force, l'autre plus de souplesse ; l'un s'écarte souvent du style qu'il semble avoir adopté, l'autre conserve celui qui convient à son ouvrage. Les transitions de l'un sont souvent obscures ou sans motif ; celles de l'autre naissent toujours du sujet ; l'un élève quelquefois l'expression au-dessus de la pensée, et jette un faux brillant qui n'eût pas été du goût de son héros ; l'autre néglige quelquefois le brillant du discours, pour s'attacher à la pensée toute entière ; l'un a saisi l'ensemble de l'admiration publique, l'autre en a détaillé les motifs ; enfin l'un avait devant lui tout ce qu'on a écrit en faveur de Voltaire depuis sa mort, et l'autre en 1779, se fraya une route neuve, ce qui lui donne plus qu'à M. de Chénier, le mérite de la difficulté vaincue. Ce n'est pas le seul avantage que nous lui trouvions sur M. de Chénier ; et si le suffrage des éditeurs, que l'on suppose toujours passionnés, n'était pas suspect au lecteur, nous ne balancerions pas à dire, que l'éloge, dont nous donnons cette édition, nous paraît, dans son ensemble, préférable à l'Epître de M. de Chénier.

Avant de présenter cette nouvelle édition au public, j'ai voulu savoir ce que, dans le temps, on avait pensé sur les différens Poëmes qui avaient concouru pour le prix de l'Académie, et dans une brochure intitulée: *Réflexions impartiales sur les Eloges de Voltaire, qui ont concouru pour le prix de l'Académie Française, en 1779, par M. Laus de Boissi; à Paris, chez Valleyre, 1780.*

J'ai trouvé quelques fragmens qui auraient mérité de trouver place à côté de la nouvelle édition de l'éloge que je présente au public ; j'en citerai quelques morceaux. M. Pastoret en parlant de la bienfaisance de Voltaire, dit :

Oui, je crois ce prodige, et je le vois renaître.
Orphée a reparu dans l'asile champêtre,
Où tu vas, sans cesser de charmer les mortels,
Offrir à l'indigent tes secours paternels.
Les ronces hérissaient une terre stérile,
Le soc ouvre la terre et la terre est fertile.
De sauvages rochers sont peuplés par tes soins,
Ton fortuné vassal ignore les besoins.
Dans son séjour obscur le laboureur tranquille,
Jamais sous les impôts ne courbe un front servile.
Horace à Tivoli coulant des jours sereins,
Fesait-il, comme toi, le bonheur des humains ?
De l'amour, du Phalerne, il savourait les charmes,
Mais de l'infortuné sut-il sécher les larmes ?

Voici un autre morceau non moins intéressant, de M. Geoffroy, tiré d'une Ode qu'il présenta au concours en 1779.

Vaines terreurs, tu vois que l'insolente Envie,
Veut de l'esprit humain, que sa voix calomnie,
Limiter le pouvoir et braver la grandeur,
La nature en secret, mère toujours féconde,
  Pour le bonheur du monde,
En préparant Voltaire accusa son erreur.

———————

Chaque astre a son aurore et l'homme a son enfance,
Ce n'est que par degrés que tout croît et s'avance.
La nature à ses lois a soumis nos travaux,
Mais la nature change en faveur de Voltaire,
  Semblable aux Dieux d'Homère,
Au premier pas qu'il fait il atteint ses rivaux.

———————

Les vertus aux talens donnent un nouveau lustre,
Il faut qu'on soit aimé, c'est trop peu d'être illustre,
Malheur au froid mortel content d'être admiré :
Sous la faux du trépas quand sa tête succombe,
  Il se perd dans la tombe,
Sans que, de pleurs amis, son deuil soit honoré.

Les deux derniers vers de la seconde strophe, sont beaux ; mais l'auteur de la brochure, M. de

Boissi, observe que l'idée en est empruntée du discours de M. Ducis, à l'Académie Française.

A ce nom de Geoffroy, tout lecteur va demander
si le poëte de 1779, est le même qui de nos jours
arrange Voltaire si joliment dans les articles de
théâtre du Journal de l'Empire.

Mais n'oserions-nous pas l'affirmer? mais le fait
n'est-il pas très-vraisemblable? Ne reconnaît-on
pas le génie de M. Geoffroi dans ces beaux vers, et
ne pourrait-on pas les appliquer non-seulement à
Voltaire, mais à M. Geoffroy lui-même? Ne pour-
rait on pas dire que la nature accusa l'erreur de
l'envie, en préparant M. Geoffroy pour le bonheur
du monde, et ne pourrait-on pas dire que M. Geoffroy l'a prouvé lorsque, du vivant de Voltaire, il
travaillait si savamment aux feuilles de M. Fréron?

Ne pourrait-on pas dire que M. Geoffroi n'a point
eu d'enfance, et que, semblable aux Dieux d'Homère, du premier pas qu'il a fait dans la carrière
des Lettres, il a atteint ses rivaux par sa belle tra-
duction des pastorales de Théocrite?

Ne pourrait-on pas dire que les vertus donnent
un nouveau lustre aux talens de M. Geoffroy, que
M. Geoffroy ne se contente pas d'être illustre, qu'il
veut encore être aimé; qu'il est aimé universelle-
ment, et qu'il ne mourra point sans que son deuil
soit honoré de pleurs amis?

Ne pourrait-on pas dire en un mot, que M. Geoffroy s'est identifié par son Ode avec le grand Voltaire, et qu'il n'a pu maltraiter ce grand homme,
sans se maltraiter lui-même, et sans donner lieu à
quelques petits reproches sur les petites contradic-
tions où il tombe de temps en temps?

Nous ne voulons ici ni multiplier, ni rappeler
ces reproches, nous ne ferions que répéter tout ce
qu'on a dit et redit à ce sujet, et notre préface
n'est déjà que trop longue, mais qu'on ne nous
force point de donner notre opinion dans une matière aussi délicate; nous dirions, comme panégyristes
de Voltaire, que l'Ode de M. Geoffroy en l'hon-

neur de Voltaire, nous paraît infiniment supérieure à tous les feuilletons faits et à faire du Journal de l'Empire. Nous dirions que le chef-d'œuvre du docteur Mathanasius, n'est rien en comparaison de ce chef-d'œuvre. Nous assimilerions ce chef-d'œuvre à la belle Ode de le Franc de Pompignan, sur la mort de J. B. Rousseau; et comme c'est avec beaucoup de justice que M. Geoffroy préfére le Franc de Pompignan à Voltaire, nous préférerions aussi de beaucoup et avec beaucoup de justice, M. Geoffroy, à J. B. Rousseau, à Pompignan et à Voltaire.

J. B. de Roissi.

Paris, le 1er juillet 1806.

ELOGE DE VOLTAIRE (1).

J'avais passé les eaux du fleuve redoutable,
De l'Empire des morts barrière épouvantable ;
Une ombre me conduit dans ces bosquets charmans,
Que peuplent les Héros, les Sages, les Amans ;
Et je partage enfin les voluptés parfaites
Des Hôtes fortunés de ces belles retraites.
Un seul, quand j'y parus pour la première fois,
S'indigna de me voir arriver en ces bois.
Faut-il s'en étonner ? c'était l'affreux Zoïle,
Ce lâche détracteur du vieux Chantre d'Achille,
Du Tartare échappé, je ne sais trop comment,
Etait dans l'Elisée entré furtivement :
Il me parle en ces mots : « C'est ici qu'on dispense
Aux vertus, aux talens, leur juste récompense.
De quel droit y viens-tu ? Si l'on m'a bien instruit,
Ton nom dans l'Univers a fait un peu de bruit :
Mais ta main qu'égarait un malheureux délire,
A faussé le compas, fait discorder la lyre.
Ton débile génie en ses divers travaux,
Trouva toujours un maître et souvent des rivaux.
Sors donc, sors de ces lieux que souille ta présence,
Va revoir les Français qui pleurent ton absence ;
Sors, dis-je, ou mon courroux te deviendra fatal ».
Ce discours de Zoïle était un peu brutal ;

(1) C'est Voltaire lui-même qui parle dans ce poëme :
il fut composé lorsque l'Académie Française proposa l'é-
loge de ce grand homme pour le sujet du prix de poésie
en 1779. L'Auteur l'a retouché considérablement : il a
surtout ajouté vers la fin un morceau prophétique, où
Voltaire pressent les grandes actions, les grandes vertus
et les grands talens du héros qui nous gouverne en ce
moment. Ce poëme a été lu avec beaucoup de succès, au
Lycée du Palais-Royal, à l'époque de la translation du
corps de Voltaire dans la capitale, et au Panthéon Français. (*Note de l'éditeur*).

Quelques ombres soudain me pressent de répondre
A ce mot incivil que je pouvais confondre :
Mais en vain leur prière est un ordre pour moi ;
On ne peut se résoudre à bien parler de soi.
L'orgueil est en tous lieux un vice qu'on déteste :
Même après qu'on est mort, il faut être modeste.
J'allais donc, à Zoïle en esclave soumis,
Du séjour des heureux quitter les bois amis :
Déjà je m'éloignais ; les ombres s'en étonnent :
Elles suivent mes pas, m'arrêtent, m'environnent :
Du palais de Pluton me ferment le chemin ;
Je ne résistai plus, et répondis soudain.

    Pauvre Zoïle ! eh quoi ! tu doutes de ma gloire
Je vais de mes travaux te raconter l'histoire.

    Racine n'était plus. Un veuvage éternel
Menaçait Melpomène, et d'un deuil solemnel
Son temple offrait partout la douloureuse image.
A cette Muse altière offrant mon tendre hommage,
Bientôt je la console : A mes vœux, à ma foi,
Melpomène se livre et convole avec moi ;
Mais une femme, hélas ! n'est pas long-tems fidelle :
De plus jeunes Amans me remplacent près d'elle.

    D'un fils incestueux je retraçai d'abord
Le crime involontaire, et le touchant remord.
Soudain Lamotte-Houdart me prédit qu'au Parnasse,
J'occuperais un jour une assez belle place.
Quoique je l'aye un peu sifflé de mon vivant,
Ce Lamotte, entre nous, avait raison souvent :
S'il se trompait en vers, il parlait juste en prose.

    Lorsque l'on vient de plaire, il n'est rien que l'on n'ose,
J'avais plu ; j'en crus donc monsieur Lamotte-Houdart,
J'arme Hérode aussitôt du tragique poignard,
Et bientôt m'élevant à la grandeur romaine,
Je peins du vieux Brutus l'ame républicaine.
Un de tes descendans, ennemi des beaux vers,
Un Zoïle envieux de mes succès divers,
Se met à publier, et se plaît à redire :
« Il ne sait point aimer » et je donne Zaïre,
Chef-d'œuvre de tendresse, et pourtant sans amour,
Mérope est applaudie, admirée à son tour ;

Et

Et Mahomet m'élève au-dessus de moi-même.
  Ne pense pas qu'ici, plein d'un orgueil extrême,
D'un orgueil qui me sied peut-être en ces instans,
Rappelant le destin de mes nombreux enfans,
Je t'en fasse à loisir un méthodique éloge.
Va louer aux Français une petite loge,
Va, tu répands ton fiel sur mes moindres écrits :
Eh bien ! si tu peux voir ou Clairon, ou Vestris
A ces drames divers prêter leurs nobles charmes,
Pour la première fois tu verseras des larmes;
Et ton farouche cœur se laissant attendrir,
Pour la première fois cessera de haïr.
  A table quelquefois la bonne compagnie
Apprécie avec goût les efforts du génie :
Lorsque j'étais encor de ses petits soupés,
J'ai vu des connaisseurs, même des plus hupés,
Entre ses deux rivaux placer le vieux Voltaire.
Démens-les, si tu veux, pour moi je dois me taire.
Quoique désaltéré dans le fleuve d'Oubli,
Je me souviens encor qu'un Français est poli.
  « Racine, disaient-ils, rappelle en tout Virgile :
» La langue, sous ses mains, est une molle argile
» Qui, docile à ses vœux, s'arrondit et s'étend,
» Que son goût délicat soumet à chaque instant
» A de nouvelles lois, à des formes nouvelles.
» Adoré des Amans, idolâtré des Belles,
» Des orages divers qui tourmentent leur cœur,
» Son vers qui réunit la grace et la vigueur,
» Avec précision retrace la peinture;
» Et ses tableaux toujours sont faits d'après nature.
  » Corneille plus hardi, plus ami de l'écart,
» Laisse marcher son style et sa verve au hasard;
» Il est, sans le savoir, éloquent et sublime,
» Il ne met point son vers sous le joug de la lime;
» Non, son vers tout armé de son cerveau jaillit :
» Corneille crée enfin, et Racine polit.
  » Voltaire les égale : un vers tantôt facile,
» Tantôt plus châtié, de sa plume docile
» Tombe, et de ses rivaux sa muse offre partout
» L'adresse et l'abandon, le génie et le goût.

» On l'a vu plus souvent, d'une main affermie,
» Aux pieds mal assurés de la Philosophie
» Attacher le cothurne, et cette Déïté,
» Par sa bouche aux humains prêchant l'humanité;
» Le théâtre soumis à de nouveaux usages,
» Est devenu l'école et des rois, et des sages.
» Melpomène, en un mot, dans ses drames vantés,
» Trouvant de ses rivaux les diverses beautés,
» De leurs lauriers divers composa sa couronne.
Dans ce triple portrait, si ma mémoire est bonne,
Ces messieurs (1) oubliaient un certain Crébillon,
Dont ils jugeaient les vers indignes d'Apollon.
Je suis plus juste : Atrée, Electre, Zénobie,
Sont les mâles enfans d'un tragique génie,
Je les relis parfois sous ces ombrages verds,
De nos Sémiramis les destins tout divers :
Au théâtre souvent on voit monter la mienne,
Souvent on l'applaudit sans trop lire la sienne.
A son Catilina, brave, mais fanfaron,
On a pu préférer mon bavard Cicéron,
Me voir avec plaisir dans mes veilles hardies,
Recrépir après lui d'antiques tragédies,
Et sur ses vers empreints des coups d'un lourd marteau
Etre enfin de l'avis de Nicolas Boileau.

Ce Boileau, comme toi n'était point un ignare,
Jamais il n'admira Crébillon le barbare,
Tantôt il me l'a dit ici secrètement,
Et m'a fait sur Mérope un fort doux compliment.

J'en suis fier et joyeux, mais il est un suffrage
Dont je m'enorgueillis encore davantage.
Tu me crois sans génie ainsi que sans esprit;
Un seul moment encor modère ton dépit,
Et retiens, si tu peux, les torrens de ta bile.
Le Tasse que j'adore et le sage Virgile,

---

(1) La Harpe n'aimait point Crébillon, il l'a maltraité dans son Cours de Littérature. Boileau lui-même en parlant de Rhadamiste, a dit : Nos Pradons étaient des soleils en comparaison de cet homme.

Ces ombres dont souvent je brigue l'entretien,
Ont daigné, l'autre jour, me dire quelque bien
De ce fameux poëme, où, dans sa jeune audace,
Ma muse s'essayant à marcher sur leur trace,
Célébra de HENRI les exploits belliqueux.
Je n'y fais point agir les ressorts merveilleux,
De la machine antique invisible chimère,
Qu'Hésiode inventa pour la gloire d'Homère.
La fable a disparu devant la vérité :
Ses honneurs sont détruits ; ce colosse vanté
Sous les efforts du tems s'est vu réduire en poudre ;
Au puissant Jupiter Franklin ravit la foudre,
Les Cyclopes, Vulcain, n'inspirent plus d'effroi.
Veux-tu les bien connaître ? Interroge Fourcroy (1) :
Son creuset t'apprendra leurs plus secrets mystères.
Et le Soleil, ce roi des mondes planétaires,
Dont l'aurore annonçait le réveil glorieux,
Précipité du char qu'il roulait dans les cieux,
Et perdant ses coursiers à flottante crinière,
Au prisme de Newton a soumis sa lumière.
J'ai choisi, déserteur du célèbre Vallon,
Un Dieu seul pour agent, le vrai pour Apollon,
Et des graves atours de la philosophie
Ma muse est revêtue, et peut-être embellie.
On ne voit point chez moi le vieux roi Latinus
Incessamment flotter entre Enée et Turnus :
On n'y voit point non plus tous ces combats étranges
Des Dieux et des mortels, des diables et des anges.
Le calme sur le front, mon héros courageux,
Marche tranquillement sous un ciel orageux ;
En quelque grand danger, si sa valeur l'engage,
Il n'a point là tout prêt un agile nuage
Qui lui prête un asyle en ses flancs entr'ouverts,
L'escamote et s'envole avec lui dans les airs.

---

(1) M. Fourcroy, conseiller d'Etat, est sans doute un
des plus grands chimistes que nous ayons à présent. La
fable ne peut tenir contre les vérités qu'il a propagées.

Tout ce qu'il dit est vrai, tout ce qu'il fait, croyable ;
Il bat ses ennemis sans le secours du diable :
Il est humain, sensible, et vaincu par l'Amour,
Sans le secours des Dieux, le sait vaincre à son tour.
De l'Olympe à l'envi les chambres assemblées,
N'enflent point de mes vers les rimes redoublées
Pour régler ses destins et lui donner des lois,
HENRI ne doit qu'à lui ses vertus, ses exploits.
Il plaît sans talisman, triomphe sans miracles,
Et la voix de l'honneur lui tient lieu des oracles.
Philosophe guerrier, pacifique soldat,
De la paix amoureux, sans craindre le combat ;
Tranquille à ses côtés, toujours grand, toujours sage,
Mornay tirant l'épée, au milieu du carnage,
Pour repousser la mort et non pour la donner,
Est moins prompt à punir encor qu'à pardonner.
Voilà de ces héros dignes qu'on les révère.
Telles sont les beautés dont le charme sévère
A peut-être séduit Virgile et Torquato ;
Peut-être que tous deux préfèrent, *in petto*,
D'utiles vérités à de stériles fables,
Et mes sages leçons à leurs rêves aimables.
Rien n'est beau, rien n'est grand, que par la vérité :
Elle seule en tout tems fut ma divinité.
Je hais le merveilleux qui n'est pas vraisemblable.
De la trahir peut-être on m'a jugé capable.
Eh bien ! porte avec moi tes regards éblouis
Sur le siècle brillant du plus grand des Louis.
Il m'a toujours semblé que, dans ces tems célèbres,
On avait mis l'histoire en oraisons funèbres :
Aux princes, aux héros on prodiguait l'encens,
Et les historiens, un peu trop courtisans,
N'avaient point hérité des pinceaux de Tacite.
Les Strada, les Maimbourg, et d'autres que l'on cite,
A force de tout dire, empêchaient de penser.
Le pesant Daniel a cru les surpasser ;
Rien par lui n'est omis, et partageant leur gloire,
Il fit une gazette, et non pas une histoire.
J'ai vu dans le Léthé descendre leurs tableaux ;
Et j'en suis peu surpris. Lorsque de leurs héros

L'armée était rangée en ordre de bataille,
Lorsqu'elle s'excrimait et d'estoc et de taille,
Très-pacifiquement ils comptaient les blessés;
Et dans leur *agenda* nombrant les trépassés,
Sur deux rangs les plaçaient par centaine et par mille.
Si Turenne eût tenté le siége d'une ville,
Ils auraient dit quel jour, à quelle henre, comment
Il avait commandé tel ou tel régiment;
Ce qu'il fit dans sa tente, et comment sur la brune
Un gros de fusiliers prit une demi-lune.
Ah! ce n'est pas ainsi que l'on peint les héros.
J'ai de leurs grands exploits tracé de grands tableaux:
Charles, Pierre, Louis aux nations futures
Seront transmis vivans dans mes larges peintures:
Oui, sans m'appesantir à détailler leurs traits,
Ma plume impartiale en finit les portraits,
Les tyrans à leur solde ont des plumes vénales:
Quand la mienne du monde écrivit les Annales,
Sans égards pour les rangs, sans égards pour les noms,
Je distinguai toujours les Titus des Nérons.
C'est là que je montrai l'opinion volage,
Gouvernant l'Univers du haut de son nuage,
Tyrannisant le peuple, et régnant sur les rois:
C'est là que des humains j'ai défendu les droits;
Là, que du Vatican révélant les maximes,
Ma plume audacieuse a dénoncé les crimes
Dont s'enorgueillissait le vieux pape Hildebrand;
Des rois, au nom du ciel, fanatique tyran,
Et qui de leurs états dépouillant ses maîtresses,
Se faisait tout donner (1) par les jeunes princesses.
C'est là que j'ai surpris les talens au berceau,
Que j'ai vu par degrés s'allumer leur flambeau.

---

(1) C'est Voltaire lui-même qui ma fourni ce vers: il dit, en parlant de la fameuse comtesse Mathilde, qu i lit à Grégoire VII la donation de tous ses biens : *c'était une jeune veuve qui donnait tout à son directeur* Questions sur l'Encyclopédie, article DONATION. Que n'ai-je pu de même puiser tous mes autres vers dans Voltaire!

C'est là que j'ai surtout prêché la tolérance,
Et, grace à mes efforts, ce fils de l'Ignorance,
Ce despote sacré, colosse ambitieux,
Qui cache avec orgueil sa tête dans les cieux,
Dont l'autel s'élevait sur les débris des trônes,
Qui d'un pied dédaigneux marchait sur les couronnes;
Le Fanatisme enfin, contraint de se cacher,
N'ose plus allumer ni torche, ni bûcher.
Galilée à présent, sans craindre aucuns désastres,
Dans le centre des cieux fixe le roi des astres.
Mes chers concitoyens, philosophes charmans,
Ne s'entr'égorgent plus pour de vains argumens.
On brûle moins de gens à Madrid, à Lisbonne,
Et, sans se faire cuire, on rit de la Sorbonne.
    L'Aigle brillant de Meaux a peint quelques Etats
L'un sur l'autre tombant, croulant avec fracas :
J'admire ses efforts; mais ce mâle génie
Devait-il donc borner sa carrière infinie ?
Sur le peuple fameux par Moïse adopté,
Son éloquent pinceau semble s'être arrêté.
Plus hardi, je parcours tous les lieux, tous les âges;
Le peuple qui du Tien (1) adore les images,
Celui qui d'Oromase encense les autels,
Des usages nouveaux et de nouveaux mortels,
Voilà ce que j'ai peint. Sous ma plume féconde,
Un essai sur les mœurs et l'histoire du monde.
Tel jadis Archimède en un brillant faisceau,
Assembla tous les feux du céleste flambeau.
Tacite fut pourtant mon vainqueur et mon maître,
Et ta bouche s'ouvrait pour le dire peut-être....
Laisse jaser ma muse encor quelques momens.
Ecoute: As-tu bien lu tous mes petits romans ?
C'est là, c'est là surtout que, moraliste habile,
Je fais marcher de front l'agréable et l'utile;
Et qu'ornant mes leçons de riantes couleurs,
J'amuse les humains pour les rendre meilleurs.
Les humains n'aiment point un précepteur sévère
C'est là qu'adroitement j'étends au bord du verre

____

(1) Le Chinois.

Le miel qui pouvait seul, par ses sucs bienfaisans,
De leurs vieilles erreurs guérir ces vieux enfans.
Si tu veux que ton front un beau jour se déride,
Lis Memnon, lis Babouc, et lis surtout Candide.
Rien ne te satisfait : tout est mal à tes yeux,
Et Panglos t'apprendra que tout est pour le mieux.
Je ne te parle point de mille bagatelles
Que le tems chaque jour emporte sur ses aîles ;
De mille petits vers, ouvrages du moment,
Où règnent la raison, le goût, le sentiment.
Pourquoi les arrêter dans leur fuite rapide ?
Si j'allais de ces vers, louangeur intrépide,
Donner un bel éloge à chaque joli rien,
Je serais mon flatteur, non mon historien.
Ces fruits de mes loisirs, et non pas de mes veilles,
Tels que certains sonnets, difficiles merveilles,
N'offrent point les beautés d'un poëme complet :
Mais peut-être ils ont tout, puisqu'ils ont ce qui plaît.
L'Art ne les dicta point : enfans de la nature,
Leur charme le plus doux est d'être sans parure.
   Je ne te parle point du passager amour
Que Thalie en mon cœur fit éclore à son tour :
Elle n'a pas toujours rejeté mes fleurettes :
J'en ai même reçu quelques faveurs secrètes ;
Mais en fidèle amant je garde le *tacet*,
Je dois me souvenir que j'ai fait *l'Indiscret*.
   As-tu vu quelquefois du milieu de son aire,
L'Aigle altier s'élancer au sejour du tonnerre,
Se perdre, s'égarer sous la voûte des cieux ?
As-tu vu quelquefois, en de champêtres lieux,
S'élancer l'hirondelle, et d'un aîle rapide
Raser l'humble gazon, raser l'onde limpide ?
Ainsi j'ai l'art heureux, dans mes écrits divers,
D'imiter tour-à-tour ces habitans des airs :
Je monte avec fierté, je m'abaisse avec grace.
Je réunis Sophocle, Anacréon, Horace ;
Horace qui pénètre où s'assemblent les dieux ;
Et plus semblable encor à l'Astre radieux,
Dont les regards au loin chassent la nuit obscure,
Flambeau des arts, soleil de la littérature,

Toujours plein de clarté, de chaleur et de goût,
Dans le monde savant je brille et *suis partout*.
   Par de rares talens suffit-il d'être illustre ?
Non ; la seule vertu donne à l'homme un vrai lustre.
Beaucoup de beaux esprits, que j'ai vus depuis peu,
Ont des velléités de ne pas croire en Dieu.
Pour moi j'y crus toujours. Sur la sphère étoilée,
Trône immense où s'assied sa majesté voilée,
Toujours avec respect j'ai porté mes regards
Et vu ses traits empreints dans les mondes épars,
Qu'aux marches de son trône une chaîne balance.
Sans culte je le sers et le prie en silence.
Si justement l'Eglise a flétri Spinosa,
Je crois à quelques saints qu'elle canonisa (1).
J'ai dit aux souverains qui montaient sur le trône :
« Rois, n'ouvrez point l'oreille au flatteur qui vous prône;
Soyez justes ; aimez les lois et vos sujets » ;
Aux ministres d'un Dieu de clémence et de paix :
« Messieurs, par la douceur convertissez les ames ;
Ne vous hâtez point trop de condamner aux flammes,
De très-honnêtes gens, parcequ'ils sont payens ».
J'ai dit à l'étranger, à mes concitoyens :
« Mes frères, mes amis, ne faites point la guerre,
Vivez chacun en paix sur votre coin de terre,
Vous serez plus heureux ». Je l'ai dit aux Germains,
Aux Russes, aux Anglais, presqu'à tous les humains.
Indigné des affronts faits au Dieu du Parnasse,
J'ai châtié souvent tes pareils avec grace.
Est-ce un crime si grand ? Mes légers aiguillons
Ont dû venger l'abeille en perçant les frélons.
Quand la mort est venue étendre sur ma tête
Sa redoutable faux, sa faux que rien n'arrête,
J'allais venger Lalli d'un injuste trépas :
J'ai fait rendre l'honneur aux mânes de Calas.
Pardevant une cour fanatique et barbare
On traîne injustement l'infortuné Labarre,

---

(1) Voltaire fait allusion ici à saint Vincent de Paule,
François de Sales, etc.

Qui meurt en pardonnant à ses juges pervers,
Et je l'ai défendu *pardevant* l'univers.
L'arrêt que juin (1) porta fut cassé par septembre;
Et l'univers entier condamna la Grand'Chambre.
Que de maux elle a faits ! Au sommet du Jura
Tout un peuple long-tems dans les fers soupira :
Il sert peut-être encor ces barbons en aumusse,
Dont s'élève le front couronné d'un capuce ,
Et, pour l'en affranchir, moi-même j'ai plaidé (2),
Par *Christin* , l'avocat, noblement secondé.
J'ai nourri, soutenu d'indigentes familles ,
Fait bâtir une église et marié des filles.
S'il faut s'en rapporter à quelques gens de bien ,
Je suis damné pourtant... tu vois qu'il n'en est rien.
Aussi faible qu'un autre, et même plus fragile,
Il est vrai que mon cœur du sublime évangile
N'a pas toujours suivi les saints commandemens :
Mais le ciel m'a fait grace à mes derniers momens.
Plus clément qu'on ne croit, le ciel permet qu'on pense :
Des justes, tu le vois, la juste récompense
Est mon noble partage en ce bois fortuné,
Et content je pardonne à ceux qui m'ont damné.
Que dis-je? au bon vieux tems, sans devenir prophète,
On ne cultivait point les talens du Poëte ;
Et j'ose le prédire aux siècles à venir,
L'âge d'or sur la terre est prêt à refleurir.
    Ma muse errait à peine aux rives du Permesse,
Qu'un Prince embastilleur, fléau de ma jeunesse,
Dans un royal château flanqué d'énormes tours,
Ensevelit bientôt l'aurore de mes jours.
Eh bien, le tems approche où de ce noir repaire
Une Divinité, qui me fut toujours chère ,
Délivrant tout-à-coup et la France et Paris,
Le peuple dansera sur ses affreux débris.

---

(1) L'arrêt du Parlement contre le chevalier de la Barre
fut porté le 4 Juin 1766.

(2) Allusion aux mémoires que fit Voltaire en faveur
des serfs du mont Jura.

D'un auguste sénat la respectable élite
Va rétablir la loi qui fut long-temps proscrite,
Et par les soins actifs d'un prince respecté,
Renaîtront la concorde ainsi que l'équité.
La sagesse bientôt, la raison, la justice,
Eleveront un vœu qui me sera propice.
La jeune Varicourt dont les attraits naissans,
Dont l'esprit, la gaîté charmèrent mes vieux ans,
Et que si justement j'appelai *belle et bonne*,
Préservera mes vers des bûchers de Lisbonne.
Qu'apperçois-je plus loin ?... c'est un jeune héros,
Dont la main valeureuse enchaîne les bourreaux,
Qui d'un immense deuil couvraient la France entière,
Et transformaient en dieu la plus vile matière.
Je le vois traverser, guerrier audacieux,
Ces gigantesques monts dont le front touche aux cieux
Ces monts, qui, d'Annibal disent encor la gloire,
Et rentrer couronné des mains de la victoire.
Je le vois, ennemi d'un indigne repos,
Sur les rives du Nil porter ses fiers drapeaux,
Parcourir du Delta les campagnes humides,
Sonder la profondeur des vastes pyramides,
Obscurcir par l'éclat d'un courage naissant,
Des Pentarques Français le disque pâlissant.
Et pour humilier le perfide insulaire,
Revêtir noblement la pourpre consulaire.
   L'Anglais avec dépit vois ces brillans succès,
Et jure dans son cœur la perte des Français;
Le héros qui l'apprend, dans la belle Ausonie
Reporte son armée et sur-tout son génie.
Pour retrouver des arts les fortunés climats.
Il brave les autans, les neiges, les frimats,
Du grand Mont St.-Bernard il tente la conquête,
Entend gronder les vents et mugir la tempête.
Que dis-je ?... il est sans doute inspiré par les cieux,
Et sous les murs de Bar deux fois victorieux,
Il rentre sans orgueil dans ces plaines fécondes
Que l'Eridan rapide arrose de ses ondes.
   Oh ! que n'ai-je vécu du tems de ce héros !
Au plus grand des Henris consacrant mes pinceaux,

Je n'ai fait qu'une esquisse, une œuvre un peu traînante;
Vous m'auriez admiré, Messeigneurs les quarante!
Et par vous une fois certain d'être applaudi. ;
Comme j'aurais chanté le vainqueur de Lodi
Comme je l'aurais peint au milieu des batailles,
Dessinant une attaque ou forçant des murailles,
Et modeste, cédant l'honneur de son laurier
Aux fortunés exploits du plus simple guerrier!
Comme je l'aurais peint au milieu des alarmes,
Sur la mort d'un ami prompt à verser des larmes!
Et touché des malheurs d'un ennemi dompté,
Concilier la guerre avec l'humanité !
Pour toi, lâche Zoïle, insulte à son génie,
Imite de Fréron la fougueuse manie;
Et forgeant comme lui de coupables pamphlets,
Cours au Palais-Royal gagner des camouflets.
On sourit à ces mots, et j'ai tout lieu de croire
Que mon sage discours satisfit l'auditoire.
Déjà pour répliquer, mon critique envieux
Ouvrait sa bouche torse, et ses livides yeux
Etincelaient déjà d'une rage impuissante.
Un long fouet à la main Alecton se présente.
Zoïle à son insçu, de l'antre des méchans
Venait de s'échapper : à grands coups de serpents
Elle le fait rentrer dans sa prison profonde,
Et purge le verger de son aspect immonde;
Et moi je fus conduit, par l'ordre de Pluton,
Sous le toit verdoyant d'un champêtre salon,
Où les chiffres divers des guirlandes unies
Faisaient lire ces mots: *au bosquet des génies :*
J'y suis entre Corneille et Racine placé:
Boileau, le regard fixe et le sourcil froncé,
Non loin de nous assis, immobile, s'applique
A me donner un rang dans son Art poétique.
Sur le leste hypogriffe Arioste monté,
En volant m'applaudit; et de la vérité
Newton toujours épris, sous les mêmes ombrages,
Cède à l'attraction en lisant mes ouvrages;
Pope en les parcourant juge que tout est bien,
Bayle les croit charmans, lui qui ne croit à rien.

Anacréon plus loin décoiffe une bouteille,
Et boit à ma santé sous l'ombre d'une treille.
Il espère bientôt souper avec Chaulieu :
Je serai du banquet, il m'en a fait l'aveu,
Et m'a dit que Piron, dont la verve étincelle,
Doit me lire au dessert deux chants de la Pucelle.
Mon tolérant système enchante Fénélon :
Et Molière sourit au portrait de frélon.
La Fontaine charmé de *ce qui plaît aux dames*,
Préfère ingénument mes contes à mes drames.
Debout à ses côtés est le joyeux Vadé,
Qui presqu'*incognito* s'est du monde évadé :
Armé d'un large verre et d'une longue pipe,
Il a l'air de me dire : « O noble Auteur d'Œdipe !
« Vous êtes étonné de me trouver ici.
» Je vous dois cet honneur (1) : salut et grand merci;
» Je n'étais que grivois, vous m'avez fait sublime ».
Mais qu'entends-je ? Boileau, mon juge légitime,
Vient tout-à-coup sur moi de porter son arrêt;
Je rougirai long-tems d'un aussi beau portrait,
Et mon ami Fréron doutera qu'il ressemble :
Tous les esprits divers, son esprit les rassemble.

---

(1) On sait que Voltaire a publié ses contes en vers,
sous le nom de Vadé.

F I N.